AF290411

# La pièce jointe
# (sans réponse)

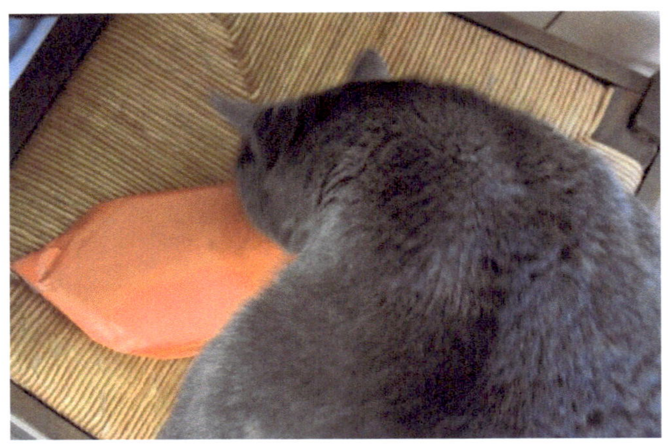

**Just MAYBE**

# La pièce jointe
# (sans réponse)

© 2025 Just MAYBE
Édition : BoD · Books on Demand,
31 avenue Saint-Rémy, 57600 Forbach, bod@bod.fr
Impression : Libri Plureos GmbH,
Friedensallee 273, 22763 Hamburg (Allemagne)
ISBN : 978-2-3226-6254-8
Dépôt légal : Mai 2025

« … N'occultons pas le fond du problème. La planète n'est pas en mesure de nourrir un nombre illimité de personnes. Il faut admettre que l'Homme n'est pas la dernière merveille de l'évolution, que notre écrasante expansion n'est pas une bénédiction pour la planète, qu'elle menace à la fois notre survie et celle de l'actuelle biodiversité. Ignorer la surpopulation, c'est préparer des jours très sombres à l'humanité. Que se passera-t-il lorsqu'en raison du réchauffement climatique, des régions entières seront devenues inhabitables et que des vagues migratoires de plus en plus fournies viendront buter sur des pays moins touchés qui auront eux-mêmes de grandes difficultés pour gérer leur propre population ?

Donner bien sûr, ne pas s'insensibiliser à la misère comme nous y incitent ceux qui se rapprochent du pire en matière de dirigeants, mais également faire preuve de réalisme. La voie humanitaire est un palliatif, pas une solution ! »

Gilbert Gauthier

# Introduction

— Ce n'est ni mon vœu ni mon fait, mais la chimie, etc. rendent de plus en plus stérile.

Je ne sais pas si l'humain a la marge pour permettre la vie aquatique ni l'intelligence pour y vivre correctement…

— Excellente analyse qui malheureusement confirme que nous sommes des adeptes de cautères sur une jambe de bois et que nous ne sommes pas près de changer de pratiques.

(Elle fait semblant de verdir et de vomir, puis de se mettre en colère.)

— Madame l'Écureuil , on peut se maîtriser comme tester son couple et retarder l'enfant (moi, je n'en veux pas, il y a mieux que moi et que mon génome pour vivre heureux). Mon ex-compagne était comme moi, ne souhaitait pas d'enfant, c'était dangereux avec son surpoids, mais le couple n'a pas tenu.

— C'est sûr que c'est tellement facile pour les femmes opprimées dans de nombreuses organisations[1].

— Merci, Madame l'Écureuil , d'avoir compris, on se sent mieux chacun chez soi que dans leurs organisations, elle comme moi. J'en connais une qui m'a souhaité un bon week-end (avec deux clins d'œil) et qui savoure comme moi son confort ☺. La femme opprimée par ce que j'appelle son club, elle, avait envie de luxe et j'avoue que je ne m'y attendais pas, mais j'y prends de plus en plus goût, moi aussi.

( fait semblant de vomir.)

Le CSF, excusez-moi, c'est bien de cela que vous me parlez ? Nous avons la même réaction.

Madame l'Écureuil , je me répète : « On peut se maîtriser comme tester son couple et retarder l'enfant (moi, je n'en veux pas, il y a mieux que moi et que mon génome pour vivre heureux). Mon ex-

---

[1] CSF, voir *La pièce jointe,* chapitre 1.

compagne était comme moi, mais le couple n'a pas tenu.

« Le pire avec un handicap invisible, ce n'est pas seulement de le subir, c'est de devoir le prouver. »

« J'ai 17 ans dans ma tête, mais à 17 ans, il faut déjà se défendre. »

Je n'ai vu d'oppression dans le couple que pour moi, car nous avions échangé et elle m'a dit ne pas être d'accord. Ce n'est pas moi qui gère la pilule ni les règles, qui revenaient vers 50 ans et après annuellement. Elle avait ses raisons de ne pas vouloir d'enfant, moi les miennes. Cela a solutionné la question : elle voulait partir, je devais le faire, quand j'ai annoncé ma décision, elle s'est fait assister pour me doubler. Avec elle, plus ça a été, plus je me suis fait assister, peut-être l'a-t-elle constaté, je ne le lui reproche pas, et je n'ai plus que le choix de continuer ainsi, handicapé aussi.

J'essaie d'avoir une vie stable, elle était venue me chercher en foyer d'accueil médicalisé.

J'ai une histoire comme vous, ni elle ni moi n'en avions à 40 ans. Nous n'avons pas été gâtés, c'est écrit dans les livres que j'écris régulièrement, mais là, la difficulté de concentration est extrême pour réécrire une vie de couple qui a eu ses très bons moments. Nous avons tous des problèmes.

Madame l'Écureuil  , vous avez le droit de ne pas être d'accord, expliquez-nous vous aussi.

Parfois, j'entends dehors des plaintes que je ressens comme des agressions, je ne peux pas passer ma vie dehors, justement, pour régler les soucis des gens, ils s'énervent, cela les concerne.

Une vie ne se réduit pas à un livre.

Ma compagne et moi AIMONS les gens, on peut écrire au nom de l'amour.

Bonne soirée que vous aimiez les gens ou non.

Quand j'écris « Madame l'Écureuil , on peut se maîtriser comme tester son couple et retarder l'enfant (moi, je n'en veux pas, il y a mieux que moi et que mon génome pour vivre heureux). Mon ex-compagne était comme moi, mais le couple n'a pas tenu », on peut comprendre ce qui vous fait rire ? « Le couple (sans enfant) n'a pas tenu » n'est pourtant pas spécialement drôle.

Laissez-moi vous raconter mon histoire (non résolue) de *La pièce jointe (sans réponse)*.

**Rappel :**

« Le pire avec un handicap invisible, ce n'est pas seulement de le subir, c'est de devoir le prouver. »

« J'ai 61 ans, 17 ans dans ma tête, mais à 17 ans, il faut déjà se défendre. »

« Elle a 61 ans, 10-15 ans d'âge mental du fait de ses handicaps, veut du confort ? Se sépare et dissout notre PACS. »

# I - La pièce jointe (sans réponse)

Qui dit Conseil Sexiste Féministe (CSF), Lyne-Diane est je suppose de votre éthique.

Vous êtes tristes à mourir, cela fait de vous des criminelles, vous n'avez pas compris que notre couple marchait, ou plutôt vous l'avez compris, il marchait TROP bien, il fallait que vous y semiez votre zizanie et ceci dans le dos du conjoint !

Pourquoi ?

Parce que vous étiez jalouses d'un amour vrai où l'homme ne salit pas la femme qui ne peut pas jouir à cause d'abus sexuels par un vioque qui se faisait branler quand elle avait treize ans (sans doute décédé comme son père, qui, lui, était violent).

J'attends T. pour la CSF (et Padon pour Faire des Égaux) le reçu du siège pour ma cotisation.

S'il ne vient pas, je porte plainte !

D'abord au siège, puis à la mairie.

MÊLEZ-VOUS DE VOS OIGNIONS À L'AVENIR, bande de folles !! Même si vous n'en avez pas !… d'oignons ni d'avenir…

De quel droit vous mêlez-vous de la vie des couples ? Lyne-Diane ne se plaignait pas et voyant bien que ça n'allait pas après ses « sorties » dans votre club féministe, car les hommes qui s'y expriment meurent peu après (après votre inaction), je lui ai proposé un médiateur, qu'il lui tire les vers du nez, car je ne comprends pas cette séparation maintenant faite. <u>Elle a refusé la médiatrice de nos relations</u> et j'ai compris que les vers, c'était vous… Malades plus que moi, qui vous ne vous soignez pas ! Vous devriez, car la parano qui gagnait Lyne-Diane, c'était la vôtre !!!!

Et pense, T., à me dire pourquoi tu voulais que je parte de chez moi, cela aurait été votre consécration ?!

C'est la seule réponse que je puisse voir, mais elle ne me suffit pas :

VOUS AVEZ ABUSÉ DE LA CONFIANCE DE DEUX HANDICAPÉS… C'EST GRAVE !

J'espère que ce n'est pas une connerie à cause de la politique, la ville où je suis chez moi, c'est celle où j'ai le plus vécu (16 ans) et où mon père a pu étudier (du temps où les études pouvaient servir… mais c'est hors sujet).

Vous me faites honte autant que pitié… TOUTES, et ça, c'est ENCORE PLUS GRAVE !

SOIGNEZ-VOUS !

(Ouf, j'ai dormi sept heures dans le fauteuil, on récupère moins, mais j'ai dormi et je suis sorti de mon mal-être.)

Merci, T., de me dire pourquoi tu veux ou voulais que je parte d'ici, tu dois bien avoir une raison.

J'ai vu il y a longtemps que Lyne-Diane avait eu des liens avec les protections de la femme. Franchement, qu'est-ce que c'est que ces conneries ? C'était plutôt à moi de me défendre à partir d'octobre 2023 contre le harcèlement de Lyne-Diane avec son portable.

Je reviendrai vous faire chier… si je n'ai pas d'explication.

Réponds-moi à l'écrit dès ce matin, stp.

Dadu

Est-ce que le bâtiment va être déclassé et vidé ? Trouve-moi une réponse à ton « pars », j'imagine tout et n'importe quoi, d'abord.

***

Voilà, Padon, j'aimerais qu'on voie clair dans tout ça :

Pour moi, il y a des soucis avec l'association Faire des Égaux, inactive depuis deux ans et dont je reste trésorier (pour la banque, mais pas pour toi), et ce serait vous qui avez démarré les soucis avec Lyne (Lyne-Diane) sans me poser de questions, dans mon dos.

Et la CSF qui a repris le flambeau de LA CONNERIE PRÉMÉDITÉE EN GROUPE.

Allez, mettez votre nez (comme votre sexe ?) dans les affaires des autres, mais après, ne vous défilez pas…

Dadu

***

En discutant avec des gens au Lavomatic (panne de machine), je comprends un peu mieux, en tout cas, moi, Dadu, que la charge d'agressivité que je reçois est odieuse.

Je me demande s'il faut laisser tomber, je ne dois pas supporter une telle charge, elle ne m'est pas destinée… !

En tout cas, j'en veux à tous ces mouvements actuels qui se disent de libération sans mesurer les accusations injustes qu'ils entraînent.

Restons justes et dignes, c'est l'essentiel, et pensons à la musique, aux couleurs… à autre chose.

Je dois me reposer.

En fait :

1- Déjà, il aurait fallu que les voisins continuent de me dire bonjour, car je ne comprends rien à ce qu'il leur prend depuis le déménagement de Lyne-Diane ;

2- Je ne me repose pas tant que je n'ai pas réussi à avoir une demande de pardon, une justice. Mais je vais alterner les activités, avec mon réseau social, qui m'est SINCÈREMENT très utile.

Je n'agresse personne, je me défends, ils nous ont quand même séparés, un PACS qui marchait très bien, et je fais le minimum. À faire autrement, je me ferais enterrer comme l'a fait Lyne-Diane avec moi.

Quand on me dit repose-toi, je comprends détends-toi, mais me reposer, c'est m'enterrer. M'enterrer, c'est ce qu'a fait Padon avec ses théories de liens humains, je n'avais pas besoin de ça ! De nos jours, le virtuel est vital pour les faibles sans pouvoir ni argent. Sortir prendre un café n'est plus trop abordable.

Quand je pense que Padon m'a dit, en plus de la difficulté que j'avais à gérer mon argent pour l'essence : « l'argent, ça se trouve ». Eh bien, donne, que j'attaque en justice un à un tous ceux qui font de la discrimination du handicap et toi, Padon, qui te sers de lui comme gagne-pain ! **Entre deux, je me fais, comme toi, un repas au restau et je m'en ferai, du lien humain… Mais… !**

C'est qu'un intello sans jugeote, autrement, on l'aurait fermée, cette association qui est à l'origine de ma perte ! Ça fait deux ou trois ans qu'il n'a pas le temps ?! Moi, les casiers dans ma tête sont pleins et tout chauffe. Elle va fondre …

Allez, y a qu'à s'excuser, ça coûte zéro centime, par contre, la fierté de nantis, ça, il a peur de perdre son pouvoir… Ça chauffe là-haut, c'est tout ce que je comprends.

De toute façon, me défendre me fait perdre du poids et tant que je ne dépense pas par la justice pour avoir gain de cause, ce n'est pas moi l'agresseur. L'agresseur, ce sera la justice pour me défendre s'il le faut. Par contre, les cons, il va falloir qu'ils se bougent, car si je prends une curatrice simple et la protection judiciaire, ça va faire mal s'ils ne s'excusent pas.

Madame Lagalla de Faire des Égaux qui a dit « quand on prend des médicaments, on ne se met pas en couple », quelle « blonde » ! Là, ça va aller loin. Je vais en faire, des égaux, moi, en tirant vers le bas, méthode Padon !

Si ma mère meurt avant moi, j'aurai peut-être de l'argent et là, il faudra qu'ils fassent vite et mieux.

Ils perdront leur argent, même si je ne gagne pas, car LA JUSTICE, C'EST UNE QUESTION D'ARGENT QUAND MÊME, la preuve, je n'en ai pas et j'en souffre… des deux.

Bisous.

En tout cas, je reste juste et digne, c'est l'essentiel, et c'est ce qu'il faut en justice.

Ma justesse, c'est ma franchise !

J'ai dix-sept ans dans ma tête et je suis un peu plus lent d'esprit que les autres BAC +3, je n'ai pas compris plus tôt que les gens se servent de moi.

Ma famille, ma conjointe, les associations. Je crois qu'elles font plus vite et trop par automatisme. Elles ne cernent pas leur sujet, s'en foutent, n'en ont même pas conscience.

Je suis lent, mais j'ai certains discernements que d'autres n'ont pas.


Et si quelqu'un n'est pas content…

Dois-je comprendre qu'il est temps que je me serve d'eux ?!

Dadu

# II - Et le couple séparé ?

— Bon week-end à toi et à Tulipe.

Bisous,

Lyne

— Bisous, Lyne.

J'ai eu mon problème de vue toute la soirée, j'ai failli en oublier d'étendre la couverture.

Avec ce problème, je vois toute la poussière, c'est obsédant.

Je vais essayer de me reposer.

— Coucou, Dadu. Bonjour,

Je viens de voir ton mail : un petit conseil, tu fermes les volets de la chambre côté couloir, tu laisses un peu de jour et tu ouvres la fenêtre.

Bisous,

Lyne


— Lyne-Diane, cette nuit, il faisait 3 °C dehors, tu veux ma mort ?

C'est de la tension dans l'œil, que j'ai, toi, tu n'as pas ça.

Bisous

Vous n'êtes pas des amies.

La tension est provoquée par l'émotivité (à cause de la phrase « pars » de Thérèse[SM1], mais ça, vous vous en foutez toutes).

C'est de la torture psychologique, ça ira en justice.


— Dadu,

Je t'ai donné une idée. Et toi, tu m'envoies des méchancetés. Si c'est comme ça, tu te débrouilles comme tu veux, ne compte plus sur moi.

Lyne

— Le conseil est motivé, mais les conséquences sont dangereuses, Lyne.

Ça ne me dit pas pourquoi « pars ». Si tu m'as insulté, faut savoir s'excuser, ça irait moins loin.

— Comment ça, je t'ai insulté ? Je n'ai pas fait ça.

— C'est pour ça, ma Lyne, qu'il me faut une réponse de T. (qui a parlé en ton nom), car si elle m'a dit « pars ! », c'est que tu m'as fait du tort, c'est jusque-là tout ce que je peux comprendre. Je ne vois pas comment (insulte ?) ni pourquoi. Et c'est à T. de me dire si tu m'as fait du tort ou insulté.

Si elle me disait que tu ne m'as pas porté atteinte, ça m'aiderait beaucoup, car plus ça va, plus je suis obligé de faire ce que T. me pousse à comprendre, et ça, il faut savoir l'interrompre, l'arrêter, car ça va te faire du tort, et toi aussi, tu vas être mal dans ta peau, très mal, te demander si tu dois partir.

Tu comprends, Lyne ?

Allez, bisous à vous deux de nous trois.


Je crains que tu m'aies calomnié et que ton « club » t'y ait poussée.

Ça fait deux responsables. La grosse responsabilité est à ceux qui étaient conscients, et pour toi, il ne suffit pas de nier.

Ce n'est pas à moi de me faire un cancer, à moins que vous attendiez ma mort.


Pourquoi ?


Bisous
Dadu


— Dadu,

Je me souviens que tu m'avais dit que tu allais déménager et que tu m'avais demandé si je pouvais en parler à T.

Lyne


— Coucou, Lyne

Je ne sais pas, peut-être ?

Alors, ce devait être à la suite de Ta demande que je m'en aille. Pourquoi pas ? Et ta demande était pour avoir plus de confort. C'est probable.

Mais pourquoi nous déménager tous les deux ? Tu l'avais dit un temps, toi aussi.

Si T. pouvait protéger les bonnes personnes, « qu'elle s'adresse à Dieu, pas à ses saints », même si Dieu est une femme, ça ne m'a, je crois, jamais gêné. Et je n'aurais pas le choix non plus, tout simplement. De quoi voulait-elle me protéger en disant pars, puisque toi, tu partais et tu étais alors d'accord que tous les deux, c'était inutile.

Cela aurait d'ailleurs gêné ton propre déménagement qui, je vous le rappelle, n'est toujours pas fini, il reste des choses (trop) dans ta chambre, qui n'a pas été investie. Même pour un colocataire, ce serait correct, si c'est moi qui ne compte pas, enfoirées… c'est comme ça que vous voyez mon handicap.

Moi, j'ai une vieille mère, mais surtout une sœur parfois insolente à « charge » et mon genou qui recommence (ça s'appelle un <u>handicap chronique,</u> car je les cumule par moments avec une <u>maladie à peu près stable</u>). J'ai pourtant pour un mois de mars baissé mon poids, 125 kg. Je transmets à T., ça évite vos téléphones arabes.

Bisous, j'attends la réponse écrite de T., même pour écrire qu'elle ne peut pas répondre. Au moins qu'elle s'excuse comme Padon, qui se cacherait… dans une autre région. Déjà qu'elle me prive de ma conjointe d'alors…

Allez, T., tu <u>écris</u> et tu ne te ramènes pas à l'improviste, il n'y a pas que les valides à passer les premiers – ou à ne pas passer… On va finir par en arriver à l'injonction ?

Prenez soin de qui vous voulez, mais n'en oubliez pas.

Dadu, *alias* Dadu

Ou

Signé : « l'Ambulancier » de Lyne, qui pour plus de confort de sa cliente devrait quitter SA commune ?!… après un PACS qui profitait à Lyne, la cliente qui ne paie pas l'essence… Heureusement qu'il a de l'humour et est courtois, l'ambulancier, mais si moi, j'ai vu les colères de Lyne (et ce n'est pas grave), il n'y a que mon père qui ait vu la mienne – il a failli y passer, ce con !

Fin (difficile)

Vous voyez, Madame l'Écureuil  , même cautérisé, un couple où chacun a échoué au moins une fois plus jeune de son côté n'a pas trouvé la solution pour ne pas avoir d'enfant après 45 ans, ils se frictionnent et après, la femme part ou provoque une séparation. J'espère être une exception, mais des humiliations et autres violences, j'en ai vécu ma dose !

Doit-on en déduire que pour ralentir l'augmentation de la population, comme recommande Gilbert Gauthier pour solutionner bien des conflits et problèmes dont les questions climatiques, me mets-je à croire, il faudrait, vers 55 ans, si l'on n'a pas eu d'enfant, vivre séparément et donc polluer plus en ayant tout en double usage ? Ça peut être le risque.

De plus, des handicaps, nous en avons sans doute tous au moins un et le handicap aurait pu souder notre couple choisi en exemple.

C'était : *La pièce jointe (sans réponse)*

# III - Donc ils s'aiment et se respectent toujours ?

— Si vous lisez ce livret, Lyne, m'autorises-tu à le publier ?

J'ai écrit ça en deux jours (et une nuit…), c'est à mûrir.

Bisous.

Moi, ça va mieux, il fallait que je partage tout ça.

Tu peux le transmettre à T., c'est la plus concernée.

Fais-lui comprendre que c'est ma thérapie puisque je suis seul ici.

— Bonjour Dadu,

Je te remercie pour tes mails. Je ne peux pas lire ton mail, c'est trop petit.

Bonne journée à toi. Bisous,

Lyne

— Pas de soucis, s'il est publié, tu l'auras en papier. Je dois le corriger et l'envoyer à T., sinon et si ce n'est pas déjà fait, il est à revoir.

C'est une fiction, le Conseil Sexiste des Féministes n'existe pas.

Le second rôle, c'est Lyne-Diane, alias Lyne.

Bisous


— Je te remercie.

Allez, je me mets à régler mes papiers.

Bisous,

Lyne


— C'est bien, Lyne, c'est une bonne initiative.


Moi j'arrête ce livre, je reprendrai après ou quelqu'un le publiera tel quel à titre posthume. Si je meurs avant, c'est que tout le monde m'a négligé et je ne veux PERSONNE À L'ENTERREMENT. Tout juste ma mère et ma sœur, la fosse commune, car je veux rejoindre LILA (notre chatte-comme-enfant). Comme je le lui ai promis le jour de l'euthanasie, ou Tulipe, pour qui l'amour reste propre et passionnel (elle continue de me mordre de façon passionnelle, me mangerait la main toute crue). Il y a une beauté animale que j'appellerais « noblesse », pas comme Anne, la voisine, avec son chien, c'est autre chose.

Chez les humains, faire l'amour, si on ne jouit pas ensemble, n'est pas convenable, c'est sale, abuser prendre des risques pour rien, « sale ou mal fait », et moi, je ne voulais pas te salir comme ça t'est arrivé à treize ans (ou quinze aussi ? J'ai retenu le lieu où vous le faisiez à peu près, mais tu n'as su donner d'âge précis.) Toi, tu le vivais bien, c'est tant mieux. Moi, la conséquence du fait que tu ne puisses pas jouir, c'était l'impression d'abuser de toi. Cette déduction est spéciale à moi et aux autres gens. C'est notre culture judéo-chrétienne… mon éthique, mes valeurs à moi. C'est toi qui as la joie de vivre <u>parce qu'on te surprotège tous</u> sans doute, ou alors, c'est que jouir de la vie est la règle première comme un des dix commandements, mais pas, justement, une obligation. Un très bon conseil. C'est juste sain.

Faire l'amour n'a rien d'obligatoire, surtout avec une personne sous protection. Je ne t'ai pas salie, je n'ai pas abusé de toi. PEUT-ÊTRE NE M'AS-TU PAS TRAHI, c'est ce que je veux croire. Quand j'aime une fois, j'aime pour toujours (c'est aussi une chanson québécoise ?)

Je sais que je ne suis ni sado ni masochiste, heureusement, et je t'aime tendrement, je ne veux plus de sexe entre nous. Mon amour est mature, pas « à point »…

C'est traître, de presque vous tous, de m'avoir lâché et d'avoir préféré le handicap physique. Le pire, c'est que celui-ci ne m'est même pas reconnu.

Lyne, si tu me réponds, ça ne sera pas qu'intime, ou ne réponds pas, s'il te plaît.

Je t'embrasse, « p'tite sœur de nos 61 ans ».

On approche de la conclusion du livre…

Dadu


T. est une personne que j'apprécie beaucoup, on se parle franchement sans complexe, ces prises de tête, c'est un peu nos taquineries.

Je comprends, à parler avec des gens, sans le nommer, que T. a son secret que je dois respecter, et moi aussi. Nous avons tous les deux des circonstances atténuantes, dira-t-on, et c'est un peu la phrase « à quelque chose malheur est bon » qui s'applique non plus à moi, mais à Lyne et moi.

Quant à Padon, Madame Lagalla et T., ils sont à l'ouest et ont droit à un cadeau qui a au moins attendu cinq ans, le voici :

 Merci.

Just MAYBE

**Fin**

# Bibliographie

Sous les noms de Damien DUBOIS-SIOBUD et Neimad Siobud ont aussi été édités ces livres :

**Aux Éditions du Net :**

Linou, Lila et nous, *novembre 2017*

Ma plume à Pierrot/ My pen for Pierrot, *février 2018*

Les Petits Petons et les temps suspendus, *février 2018*

Où (en) suis-je ? *août 2019*

Les petits saints, *janvier 2024*


**Aux Éditions Muse :**

Le Post de Soissons, *mai 2019*

Nouvelles de caractères, *juin 2019*

La mort d'une France, *avril 2022*

**Books on Demand :**

À la Zone le GAFFEUR, *septembre 2020*

DEUX LETTRES : *Je t'aime ET Dans la dignité, septembre 2020*

Les Pensées suspendues de Dadu, *octobre 2020*

Ex-time et In-time : l'humain debout, *octobre 2020*

Ce qu'elle PEUT voir Tome 1-2-3, *décembre 2020*

Un déménagement presque normal, *septembre 2021*

Dans ma culture…, *octobre 2021*

La vieille mentalité française, *novembre 2021*

Veillées de Guerres, *mars 2022*

Deux Années à méditer, *juin 2022*

Le retraité, l'Internaute et la Meute, *août 2022*

Du Zinzolin pour Pierrot, *septembre 2022*

Ma France, nation boisée, *février 2023*

Inventifs et Rigoureux, *août 2023*

Pour moi, l'Histoire importe peu, *novembre 2023*

Le Recueil de Pierrot, Nouvelles « zinzolines », *janvier 2024*

Le temps des Tulipes, *octobre 2024*

As-tu besoin de quelque-chose, *septembre 2025*

La pièce jointe (sans réponse), *Octobre 2025*

# Table des matières


Introduction .......................................................... 9

I - La pièce jointe (sans réponse) ......................... 15

II - Et le couple séparé ? ..................................... 23

III - Donc ils s'aiment et se respectent toujours ? 29

Bibliographie ..................................................... 34

Table des matières .............................................. 37

Édition : BoD · Books on Demand,
31 avenue Saint-Rémy, 57600 Forbach, bod@bod.fr
Impression : Libri Plureos GmbH,
Friedensallee 273, 22763 Hamburg (Allemagne)
ISBN : 978-2-3226-6254-8
Dépôt légal : Mai 2025

FSC
www.fsc.org
MIXTE
Papier issu
de sources
responsables
Paper from
responsible sources
FSC® C105338